CÉRÉMONIES

QUI DOIVENT AVOIR LIEU

AU

SACRE DE CHARLES X.

D'APRÈS LA RELATION DE CELLES QUI ONT ÉTÉ OBSERVÉES
AU SACRE DE LOUIS XVI.

SACRE ET COURONNEMENT DE LOUIS XVI.

DÉCORATIONS DE L'ÉGLISE.

On avait construit, pour le chemin du Roi, une galerie couverte depuis la grande salle de l'archevêché jusqu'à la place devant la métropole. Cette galerie venait se réunir, dans le retour sur la place, à une colonnade qui embrassait toute la façade de l'église. De cette galerie, magnifiquement décorée et revêtue de différens ornemens analogues à la cérémonie, le Roi entrait dans l'église, dont la nef, jusqu'à l'entrée du chœur, était fermée, le long des piliers, par des barrières à hauteur d'appui. Cet intérieur était garni de quatre rangs de banquettes; les piliers étaient revêtus des tapisseries de la couronne; à la voûte de l'église était suspendu un grand nombre de lustres garnis de lumières. La partie du chœur était décorée avec magni-

1

ficence : de dessus les stalles où étaient placés les chanoines , s'élevait un soubassement en voussure, qui servait de base à un ordre de colonnes corinthiennes qui entouraient le chœur , le sanctuaire et le jubé. Ces colonnes , qui étaient de brèche violette, dont les cannelures , les bases et les chapiteaux étaient en or, étaient engagées d'un quart sur les angles des tribunes , et saillaient devant les piliers sur un arrière-corps de marbre blanc veiné. Elles séparaient les tribunes , qui , des deux côtés, s'étendaient du jubé au sanctuaire. L'entablement de cet ordre, dont toutes les moulures, modillons et rinceaux d'ornemens qui enrichissaient la frise, étaient taillés en or ; était surmonté d'un socle de marbre blanc veiné ; à-plomb des colonnes, étaient des groupes d'enfans de marbre blanc, portant des lumières ; toutes les tribunes étaient garnies de gradins qui formaient un amphithéâtre, et dont le fond et les côtés étaient peints en marbre blanc ; le devant de ces tribunes était formé par une balustrade de marbre blanc, dont les ornemens des balustres étaient en or ; au milieu du plafond de chaque tribune, était suspendu un lustre qui portait douze lumières ; chaque arrière-corps entre les colonnes était décoré de grandes figures en or, qui portaient des girandoles garnies de lumières.

Le soubassement en voussure, sur lequel était portée toute cette colonnade, était en marbre blanc veiné, orné de fortes consoles et de guirlandes en or.

A l'entrée du chœur , était le jubé, auquel on montait par deux grands escaliers. C'est sur ce jubé qu'était placé le trône du Roi, au-dessus duquel était un dais placé entre quatre colonnes, autour desquelles étaient retroussées des pentes de satin violet parsemées de fleurs de lis d'or. Le fond du trône était percé à jour, pour laisser voir le Roi au public dans la nef.

A droite et à gauche du trône, étaient placés les siéges des Pairs laïques et ecclésiastiques; et au pied du trône étaient ceux du Grand-Chambellan, du Premier-Gentilhomme de la chambre et du Grand-Maître de la garde-robe; en avant était celui du Connétable, et devant le Connétable étaient ceux du Grand-Maître et du Garde-des-sceaux, faisant la fonction de chancelier; sur le côté droit du Roi était un autel.

Le fond du chœur était terminé par une partie circulaire décorée de colonnes, ainsi que les parties latérales, et garni de gradins en amphithéâtre : au-devant de cet amphithéâtre était un orchestre.

Dans la croisée du chœur étaient deux vastes tribunes richement décorées : celle du côté de l'archevêché était destinée à la Reine, Madame, Madame Clotilde, Madame Elisabeth, et toutes les Princesses et Dames qui les accompagnaient; et l'autre, vis-à-vis, était destinée pour le Nonce du Pape et les Ambassadeurs.

Derrière les stalles des chanoines étaient des tribunes garnies de gradins en amphithéâtre.

Tout le pourtour du chœur au-dessus de la décoration, était garni des plus belles tapisseries de la couronne, qui servaient de fond aux groupes d'enfans de marbre blanc portant des lumières.

ARRIVEE DU ROI
DANS L'ÉGLISE MÉTROPOLITAINE.

Le 9 juin 1775, le Roi fit son entrée solennelle dans 1
ville de Reims ; il se rendit à la grande porte de l'église
où il fut reçu par l'Archevêque, duc de Reims, à la têt
du chapitre, assisté des Évêques de Soissons, de Laon, d
Beauvais, de Châlons, de Noyon, d'Amiens et de Senlis
ses suffragans : ces prélats sont en chappe et en mitre
Le Roi se met à genoux à la porte de l'église, et, aprè
avoir baisé le livre des Évangiles, porté par l'un de
chanoines, le Roi fut complimenté par l'Archevêque d
Reims ; après quoi le Grand-Chantre entonna un répons

Le Clergé rentra dans le chœur en ordre de procession
et le Roi, marchant après les Évêques, fut conduit à u
prie-dieu, dressé au milieu du chœur, sous un dai
Après une antienne, l'Archevêque dit des versets e
oraisons. Ensuite le *Te Deum* fut chanté au bruit d
plusieurs salves d'artillerie ; pendant qu'on le chantai
on apporta le présent que le Roi faisait à l'église d
Reims, consistant en un ciboire d'or, deux burettes ave
leur bassin, et deux instrumens de paix à baiser. L
Premier Gentilhomme de la chambre le remit entr
les mains du Roi, qui alla l'offrir à Dieu, en le posar
sur l'autel. Le *Te Deum* fini, l'Archevêque donna l
bénédiction, et ensuite le Roi se retira dans le pala
archiépiscopal, paré des plus précieux ameublemer
de la couronne. Le Roi y reçut les hommages de l'églis
de Reims ; le Prevôt, député par le chapitre, porta l
parole, et offrit au Roi le pain et le vin. Le Corps de l
ville apporta les présens ordinaires, et l'Universit
complimenta le Roi par la bouche de son Recteur.

VEILLE DU SACRE.

Le samedi, 10 juin.

L'après-midi de ce jour, le Roi, accompagné des princes du sang, et suivi de toute la cour, se rendit à l'église pour assister aux premières vêpres du sacre. Il fut reçu par l'Archevêque de Reims, assisté des Évêques ses suffragans. Il se rendit au milieu du chœur, sur un prie-dieu placé sous un dais. Les Princes du sang étaient à la droite et à la gauche du Roi; ses principaux officiers derrière son fauteuil; le Grand-Aumônier à la droite du prie-dieu, et les Cardinaux invités à la gauche, tous en rochet et en camail. Les Archevêques et Évêques invités étaient placés près de l'autel, à la droite, et les places de l'autre côté étaient occupées par les seigneurs de la cour. L'Archevêque de Reims se plaça dans la première haute stalle à droite, et les Évêques de Soissons, de Beauvais, de Noyon, de Senlis, occupaient les quatre suivantes. Les Évêques de Laon, de Châlons et d'Amiens se mirent dans les hautes stalles, du côté gauche : les autres furent occupées par les chanoines.

Tous étant à leur place, l'Archevêque de Reims entonna les vêpres du jour ; elles furent continuées par la musique du Roi, et par celle de la métropole. Après les vêpres, il y eut un sermon sur la cérémonie du sacre, qui fut prononcé par l'Archevêque d'Aix : après le sermon, le Roi sortit de l'église avec les mêmes cérémonies observées lorsqu'il y était arrivé ; et étant rentré dans l'archevêché, il se disposa, par la confession, à la cérémonie du lendemain.

JOUR DU SACRE.

Le dimanche 11 juin.

L'église étant disposée pour la cérémonie, les Chanoines entrèrent au chœur vers les six heures du matin. Le Grand-Prieur de l'abbaye de Saint-Denis, le Trésorier et le Maître des Cérémonies, qui avaient apporté les ornemens royaux du trésor de cette abbaye, furent placés à côté de l'autel, pour être à portée de livrer ces ornemens lors du couronnement du Roi.

On commença primes: pendant ce temps l'Archevêque de Reims arriva à l'église ; il alla à la sacristie prendre ses habits pontificaux, et revint ensuite à l'autel, précédé, et suivi de plusieurs Evêques : il s'assit sur la chaise qui lui avait été préparée vis-à-vis le prie-dieu du Roi.

Les Princes, les grands seigneurs, les ecclésiastiques et les personnes de distinction invités à la cérémonie prirent les places qui leur avaient été destinées.

MM. de Contades, de Broglie, de Nicolai, maréchaux de France, nommés par le Roi pour porter la couronne, le sceptre et la main de justice, se placent sur un banc derrière celui des Pairs laïques.

Vers les sept heures, les Pairs laïques arrivèrent du palais archiépiscopal : ils furent reçus et conduits par le Grand-Maître des cérémonies, et se placèrent sur la forme qui leur était destinée du côté de l'évangile, couverte d'un tapis de velours violet parsemé de fleurs de lis, de même que celle des Pairs ecclésiastiques. Ils étaient vêtus d'une veste d'étoffe d'or ; ils avaient une ceinture d'or ;

et par-dessus leur longue veste, un manteau ducal de drap violet, doublé et bordé d'hermine, ouvert sur l'épaule droite, l'épitoge ou collet rond était aussi bordé d'hermine: ils avaient tous une couronne ducale d'or sur un bonnet de satin violet. C'était Monsieur, frère du Roi, qui représentait le duc de Bourgogne; Monséigneur le comte d'Artois représentait le duc de Normandie; Monseigneur le duc d'Orléans, le duc d'Aquitaine; Monseigneur le duc de Chartres, le comte de Toulouse; Monseigneur le prince de Condé, le comte de Flandres; et Monseigneur le prince de Bourbon, le comte de Champagne.

Un moment après que les Pairs laïques eurent pris leur place, ils s'approchèrent, ainsi que les Pairs ecclésiastiques, de l'Archevêque de Reims, et ils convinrent de députer l'Evêque de Laon et l'Evêque de Beauvaïs pour aller chercher le Roi. Ces deux prélats revêtus de leurs habits pontificaux, partirent processionnellement, précédés de tous les Chanoines de l'église de Reims, au milieu desquels était la musique. Le Chantre et le Sous-Chantre marchaient après le Clergé, et devant le Grand-Maître des cérémonies, qui précédait immédiatement les deux Evêques. Ils passèrent par une galerie couverte, construite depuis le portail de l'église, jusqu'à la grande salle de l'archevêché; et, étant arrivés à la chambre du Roi, qu'ils trouvèrent fermée, le Chantre y frappa de son bâton. Le Grand-Chambellan, sans ouvrir la porte, dit: *Que demandez-vous?* L'Evêque de Laon répondit: *Le Roi.* Le Grand-Chambellan repartit: *Le Roi dort.* Le chantre ayant frappé et l'Evêque demandé une seconde fois le Roi, le Grand Chambellan fit la même réponse: mais à la troisième fois le Chantre ayant frappé et le Grand-Chambellan ayant répondu de même, l'Evêque de Laon dit: *Nous de-*

mandons Louis XVI, que Dieu nous a donné pour Roi.
Aussitôt les portes de la chambre s'ouvrirent, et le Grand-
Maître des cérémonies conduisit les Evêques de Laon et
de Beauvais auprès du Roi, qu'ils saluèrent profondément.
Le Roi était couché sur un lit de parade : il était vêtu
d'une longue camisole cramoisie, garnie de galons d'or,
et ouverte, ainsi que la chemise, aux endroits où il devait recevoir les onctions. Par-dessus cette camisole, le
Roi avait une longue robe d'étoffe d'argent, et sur sa
tête une toque de velours noir, garnie d'un cordon de
diamans, d'une plume et d'une double aigrette blanche.
L'évêque de Laon présenta de l'eau bénite au Roi, et dit
une oraison. Les deux Evêques soulevèrent ensuite le
Roi de dessus son lit, et le conduisirent processionnellement à l'église.

Le Roi, accompagné d'un cortége magnifique, après
les cérémonies d'usage, fut conduit par les Evêques de
Laon et de Beauvais au fauteuil qui était au milieu
du chœur, sous un dais où il fut entouré des principaux
officiers de la couronne. Chacun ayant pris sa place,
on chanta le *Veni Creator*, après lequel les Chanoines
commencèrent *Tierce ;* et, cet office étant fini, la Sainte-
Ampoule arriva à la porte de l'Eglise.

ARRIVÉE DE LA SAINTE-AMPOULE.

La Sainte-Ampoule fut apportée de Saint-Remi en
procession, par le Grand-Prieur de la même abbaye, en
chappe d'étoffe d'or, et monté sur un cheval blanc de
l'écurie du Roi, que deux maîtres palefreniers de la grande
écurie conduisaient par les rênes ; il est couvert d'une

housse d'argent richement brodée ; ce religieux est sous un dais de pareille étoffe, qui est porté par quatre Barons, dits Chevaliers de la Sainte-Ampoule, vêtus de satin blanc, d'un manteau de soie noire, et d'une écharpe de velours blanc garnie de franges d'argent, avec la croix de Chevalier passée au cou et attachée à un ruban noir. Les Religieux Minimes, les Chanoines de l'église collégiale de Saint-Timothée et les Religieux de l'abbaye de Saint-Remi, en aubes, précédaient le dais, devant lequel l'aide des cérémonies marchait immédiatement ; MM. le Vicomte de la Rochefoucault, le Comte de Talleyrand, le Marquis de Rochechouart et le marquis de la Roche-Aymond, seigneurs nommés par le Roi, pour otages de la Sainte-Ampoule, marchaient à cheval aux quatre coins du dais, et étaient précédés chacun de son écuyer portant un guidon chargé d'un côté des armes de France et de Navarre, et de l'autre de celles de leur maison.

L'Archevêque de Reims, ayant été averti par le Maître des cérémonies de l'arrivée de la Sainte-Ampoule, alla à la porte de l'église, accompagné de ses assistans, la recevoir des mains du Grand Prieur de l'Abbaye, qui, en la remettant à l'Archevêque, lui dit ces paroles : *Monseigneur, je mets entre vos mains ce précieux trésor envoyé du Ciel au grand Saint Remi, pour le sacre de Clovis et des Rois ses successeurs ; mais auparavant, je vous supplie, selon l'ancienne coutume, de vous obliger à me le remettre entre les mains, après que le sacre de notre Roi Louis XVI sera fait :* ce que l'Archevêque lui promet ; après quoi le Grand-Prieur lui remet la Sainte-Ampoule entre les mains. Pendant qu'on chante une antienne, l'Archevêque rentre dans le chœur et va poser la Sainte-Ampoule sur l'autel ; le Roi et tous les assistans l a

I.

saluèrent avec respect ; le Grand-Prieur et le trésorier de
l'Abbaye allèrent prendre place au côté droit de l'autel,
pour y rester pendant toute la cérémonie ; et les quatre
Seigneurs otages allèrent se placer dans les quatre premières stalles des Chanoines, du côté de l'évangile, et
leurs écuyers dans les basses au dessous d'eux, et tenant
toujours leur guidon à la main.

L'Archevêque, assisté des Evêques de Laon et de Beauvais, s'approcha du Roi et lui fit une requête pour la
conservation des priviléges des églises de France, et pour
lui demander sa protection.

Le Roi ayant fait la promesse d'accorder sa protection
à l'Église, les Evêques de Laon et de Beauvais le soulevèrent de son fauteuil, et, étant debout, ils demandèrent
aux Seigneurs assistans et au peuple s'ils acceptaient
Louis XVI pour leur Roi ; et , leur consentement reçu
par un respectueux silence, l'Archevêque présenta au
Roi le serment du Royaume. Le Roi, étant assis, tête
couverte et tenant les mains sur le livre des Saints-Évan-
giles, le prêta tout haut en latin.

Après ce serment, le Roi prononça celui de Chef et Sou-
verain Grand-Maître de l'ordre du Saint-Esprit.

Le Roi prononça ensuite le serment de Chef et Sou-
verain Grand-Maître de l'ordre militaire de Saint-Louis.
Enfin, le Roi prononça le serment de l'observation de
l'Edit contre les duels.

BÉNÉDICTION DES ORNEMENS ROYAUX.

Pendant ce temps, les habits et ornemens royaux dont
le Roi doit être paré en son sacre, furent mis sur l'autel,

savoir : la grande Couronne de Charlemagne et deux autres, dont l'une est enrichie de pierres précieuses, et l'autre d'or, l'Epée, le Sceptre, la main de Justice, les Eperons, et le Livre des Cérémonies ; une camisole de satin rouge garnie d'or, une Tunique et une Dalmatique, des Bottines, et un manteau royal de velours bleu semé de fleurs-de-lis d'or, doublé d'hermine.

Après que le Roi eut fait tous les sermens, l'Archevêque retourna à l'autel au pied duquel le Roi fut conduit par les Evêques, et là, étant debout, le Premier Gentilhomme de la Chambre lui ôta la robe longue d'étoffe d'argent, et le Grand-Maître de la Garde-Robe ayant reçu la toque des mains du Roi, le Roi resta debout, la tête découverte et vêtu seulement de sa Camisole de satin.

Après une oraison, on apporta le fauteuil du Roi devant celui de l'Archevêque, et, le Roi s'y étant assis, le Grand Chambellan vint lui chausser les Bottines de velours ; MONSIEUR, représentant le Duc de Bourgogne, Premier Pair, lui mit les Eperons d'or, et il les lui ôta tout de suite.

————

BÉNÉDICTION DE L'ÉPÉE.

Après quoi, le Roi étant debout, l'Archevêque fit la bénédiction de l'Epée de Charlemagne, laquelle était en ce moment dans le fourreau. Cette bénédiction faite, il ceignit l'Epée au Roi, et la lui ôta en même temps ; puis, l'ayant tirée du fourreau, qu'il laissa sur l'autel, il dit une prière ; après cette prière, l'Archevêque remit l'Epée nue entre les mains du Roi.

Le Roi , après avoir tenu l'Epée quelque temps , la baisa , l'offrit à Dieu , en la posant sur l'autel ; l'Archevêque la reprit, la remit entre les mains du Roi ; le Roi l'ayant reçue , la déposa entre les mains du seigneur qui faisait la fonction de Connétable ; celui-ci la tint la pointe levée pendant toute la cérémonie du Sacre et du Couronnement.

PRÉPARATION DU SAINT-CHRÊME.

Après plusieurs oraisons, l'Archevêque de Reims mit, sur le milieu de l'autel , la patenne d'or du calice de Saint-Remi, et le Grand-Prieur de Saint-Remi, ayant ouvert la Sainte-Ampoule, la donna à l'Archevêque , lequel, avec une aiguille d'or que lui présenta le Grand-Prieur, tira de cette Sainte-Ampoule la grosseur d'un grain de froment, qu'il mit sur la patenne, puis, ayant rendu la Sainte-Ampoule au grand-Prieur, il prit, avec la même aiguille d'or, du Saint-Chrême, et le mêla avec cette huile.

Le Roi est prosterné devant l'autel ; l'Archevêque, après s'être prosterné comme lui, se lève , s'assied dans un fauteuil, le dos tourné vers l'autel , et dit des prières sur le Roi.

CONSÉCRATION DU ROI.

Le Roi demeurant toujours à genoux , l'Archevêque toujours assis avec sa mitre , tenant en main la patenne d'or, sur laquelle était l'onction sacrée, en prit avec le pouce droit et oignit le Roi en la manière suivante.

Premièrement sur le sommet de la tête, en faisant le signe de la croix, et disant :

« Je vous sacre Roi, avec cette huile sanctifiée, au nom du Père, du Fils, et du Saint-Esprit. »

Il répéta les mêmes signes de croix aux six onctions suivantes :

Deuxièmement, sur l'estomac ; les Evêques de Laon et de Beauvais, ouvrant les ouvertures faites à la chemise, à la camisole du Roi, et à chacun des endroits où devait se mettre la Sainte-Onction.

Troisièmement, entre les deux épaules.

Quatrièmement, sur l'épaule droite.

Cinquièmement, sur l'épaule gauche.

Sixièmement, aux plis et jointures du bras droit.

Septièmement, aux plis et jointures du bras gauche.

Les sept onctions étant finies, l'Archevêque de Reims, aidé des Évêques de Laon et de Beauvais, referma les ouvertures de la chemise et de la camisole du Roi, avec des lacets d'or ; ensuite le Roi étant debout, le Grand-Chambellan le revêtit de la Tunique, de la Dalmatique et du Manteau royal.

Le Roi, ainsi revêtu, se mit à genoux devant l'Archevêque ; lequel assis, avec sa mitre, reprit la patène et fit au Roi la huitième onction sur la paume de la main droite, et ensuite la neuvième, sur celle de la main gauche.

BÉNÉDICTION DES GANTS.

L'Archevêque de Reims fit la bénédiction des Gants, les aspergeant d'eau bénite.

Les Gants étant bénis, l'Archevêque, assis et ayant sa mitre en tête, les mit aux mains du Roi.

BÉNÉDICTION DE L'ANNEAU.

L'Archevêque bénit ensuite l'anneau Royal, qui lui fut présenté par le premier valet de chambre du Roi.

L'anneau étant béni, l'Archevêque le mit au quatrième doigt de la main droite du Roi.

TRADITION DU SCEPTRE ET DE LA MAIN DE JUSTICE.

L'Archevêque prit, sur l'autel, le Sceptre royal et le mit dans la main droite du Roi.

L'Archevêque prit de même la Main de Justice et la mit dans la main gauche du Roi.

CONVOCATION DES PAIRS POUR LE COURONNEMENT DU ROI.

M. du Miroménil, garde des sceaux de France, représentant le Chancelier, monta à l'autel, du côté de l'Évangile, le visage tourné vers le Roi et le chœur, et appela les Pairs selon leur rang :

Monsieur ; qui représentez le duc de Bourgogne, *présentez-vous à cet acte.*

Monsieur le comte d'Artois, qui représentez le duc de Normandie, *présentez-vous à cet acte.*

Monsieur le duc d'Orléans, qui représentez le duc d'Aquitaine, *présentez-vous à cet acte.*

Monsieur le duc de Chartres, qui représentez le comte de Toulouse, *présentez-vous à cet acte.*

Monsieur le prince de Condé, qui représentez le comté de Flandre, *présentez-vous à cet acte.*

Monsieur le duc de Bourbon, qui représentez le comte de Champagne, *présentez-vous à cet acte.*

Il appela ensuite les Pairs ecclésiastiques de la même manière.

COURONNEMENT DU ROI.

Le Chancelier de France s'étant remis à sa place, l'Archevêque prit sur l'autel la grande couronne de Charlemagne, et la soutint seul à deux mains sur la tête du Roi, sans le toucher ; aussitôt les Pairs laïques et ecclésiastiques y portèrent la main pour la soutenir, ce Prélat la tenant toujours de la main gauche.

Après une prière, l'Archevêque mit seul la couronne sur la tête du Roi.

INTRONISATION DU ROI.

La cérémonie du couronnement étant finie, l'Archevêque prit le Roi par le bras droit, et le conduisit au trône élevé sur le jubé. Le Roi était accompagné de tous les Pairs et des grands Officiers qui l'entouraient ; il avait la couronne de Charlemagne sur la tête, et portait en ses mains le sceptre et la main de justice. L'Archevêque fit asseoir le Roi sur son trône. Après plusieurs prières, l'Archevêque quitta sa mitre, fit une profonde révérence au Roi, et le baisa. Alors il dit tout haut, et par trois fois : *Vivat rex in æternum.* Ensuite les Pairs ecclésiastiques et les Pairs laïques baisèrent le Roi avec pareille acclamation. On ouvrit les portes de l'église, et le peuple y entra en foule pour voir son Monarque sur son trône, dans toute la pompe de la royauté; et, dans ce moment, toute l'église retentit d'acclamations de *Vive le Roi!* Les oiseleurs lâchèrent une grande quantité d'oiseaux, et les gardes françaises et suisses, qui étaient dans la place et autour de l'église, firent une triple salve d'artillerie. Pendant ces acclamations, les hérauts d'armes distribuèrent une grande quantité de médailles d'or et d'argent, qui avaient été frappées pour cette cérémonie.

CÉRÉMONIE DE L'OFFRANDE.

Pendant la célébration de la messe, lorsque l'Archevêque faisait l'oblation, le roi d'armes et les hérauts allèrent prendre, sur les crédences de l'autel, les offrandes qui y étaient mises, et ils les portèrent, sur des tavaïoles de satin rouge, aux quatre chevaliers du Saint-Esprit qui devaient porter ces offrandes pour le Roi. Le roi d'armes présenta au premier de ces seigneurs un grand vase d'argent doré; les hérauts donnèrent au second un pain d'argent, au troisième un pain d'or, et au quatriè

me, une bourse de velours rouge, contenant treize pièces
d'or. Ces quatre chevaliers, tenant ces offrandes, furent
conduits au trône du Roi. Le Roi ayant été ainsi invité
d'aller à l'offrande, descendit de son trône.

Le Roi étant arrivé à l'autel, où l'Archevêque était
assis, se mit à genoux; et ayant remis le sceptre et la
main de justice aux deux Maréchaux qui étaient à ses
côtés, il reçut le vase d'argent doré, le pain d'argent,
le pain d'or et la bourse des mains des quatre Seigneurs
et présenta ces offrandes à l'Archevêque, lui baisant la
main à chaque fois. Après l'offrande, le Roi reprit son
sceptre et la main de justice, et remonta à son trône.

CÉRÉMONIE DU BAISER DE PAIX.

Après la bénédiction, que donna l'Archevêque de
Reims, le Grand-Aumônier de France sortit de sa place, et alla recevoir de l'officiant le baiser de paix, et à
l'instant il monta au jubé, et ayant fait au Roi une profonde révérence, il lui donna le baiser de paix, et ensuite les Pairs laïques et ecclésiastiques allèrent recevoir
du Roi le même baiser de paix.

COMMUNION DU ROI.

La messe étant finie, le Roi, avec les Pairs ecclésiastiques et laïques, et les grands Officiers de la couronne, descendit du trône pour la communion. Le Roi
remit le sceptre et la main de justice entre les mains des
Maréchaux qui les avaient déjà tenus, et, étant allé se,

réconcilier auprès de son confesseur, qui l'attendait sous un pavillon dressé auprès du grand autel, il se mit à genoux, et l'Archevêque lui ayant donné l'absolution, communia le Roi sous les deux espèces.

Après la communion, l'Archevêque de Reims remit au Roi la couronne de Charlemagne, qu'il garda quelques moments; après quoi le Roi se leva, et l'Archevêque lui ôta cette grande couronne, et lui en mit une autre plus petite et plus légère, faite exprès, et enrichie des plus belles pierreries de la couronne. La grande couronne fut mise entre les mains du Maréchal de France ou seigneur qui était désigné pour la porter devant le Roi dans la marche, sur un riche oreiller.

La cérémonie étant achevée, le Grand-Prieur de Saint-Remi reporta la Sainte-Ampoule dans le trésor de Saint-Remi, dans le même ordre qu'elle avait été portée à la cathédrale. Les quatre seigneurs qui avaient été donnés pour otages, y laissèrent les guidons de leurs armes, et on les déchargea de leur serment, par un procès verbal qui en fut fait.

RETOUR DU ROI A L'ARCHEVÊCHÉ.

Le roi, ayant sa couronne sur la tête, revêtu de ses habits royaux, tenant son sceptre et sa main de justice, et accompagné du même cortége qui l'avait accompagné lorsqu'il était entré dans l'église, retourna à l'Archevêché.

Lorsque le Roi fut arrivé dans son appartement, il y fut déshabillé; ses gants et sa chemise, qui avoient touché aux onctions, furent remis au Grand-Aumônier de

France pour les brûler. Le Roi s'étant reposé quelque temps, fut revêtu d'autres habits et de son manteau royal par-dessus. Le Roi conserva sa couronne de diamans sur la tête; le sceptre et la main de justice furent remis aux Maréchaux qui les avaient déjà tenus.

CÉRÉMONIES QUI SUIVRONT LE SACRE.

Festin royal.

La salle de l'archevêché destinée pour ce festin, était richement meublée : cinq tables y étaient dressées ; celle du Roi était placée, selon la coutume, devant la cheminée vis-à-vis la porte de son appartement, sur une estrade élevée de quatre marches, et sous un daisde velours violet, semé de fleurs-de-lis d'or en broderie. Les tables des Pairs laïques et des pairs ecclésiastiques étaient dressées à la droite et à la gauche, de la salle, à égale distance de l'estrade du Roi, et de deux pieds plus basses. Sur la même ligne, et au bout de ces deux tables, il y en avait deux autres, l'une à droite, pour le nonce du Pape et les ambassadeurs invités, et l'autre à gauche, dite la Table des Honneurs, pour le Grand-Chambellan de France, le premier Gentilhomme de la chambre, les Chevaliers de l'ordre du Saint-Esprit qui avaient porté les offrandes, et autres seigneurs qui avaient droit de s'y placer.

Le Roi ayant ordonné de servir, le Grand-Maître des cérémonies se rendit au lieu où les plats avaient été préparés. Le premier service fut apporté au son des instrumens, et accompagné d'un cortége magnifique.

Le Roi, entouré des princes et des principaux Officiers de la couronne, se rendit à la salle du festin. Le Roi avait sa couronne de diamans sur la tête, tenant dans ses mains le sceptre et la main de justice, et ayant à ses côtés l'Archevêque de Reims et Monsieur. Lorsque le Roi fut arrivé à sa table, l'Archevêque de Reims fit la bénédiction, et dans le même temps la couronne de Charlemagne fut posée à l'un des coins de la table, à droite ; le sceptre à l'un des coins, à gauche, et la main de justice à l'autre bout, du même côté.

Les Maréchaux de France qui avaient porté le sceptre et la main de justice, se placent auprès, et s'y tiennent debout pendant tout le-dîner. Le Connétable se plaça devant la table et vis-à-vis du Roi, tenant l'épée nue, et ayant à ses côtés deux huissiers portant leurs masses. Le Grand-Maître se tenait debout près de la table, et à la droite du Roi, et lui présenta la serviette avant et après le dîner.

Le Grand-Pannetier, le Grand-Echanson, et le Grand-Ecuyer tranchant, se placèrent devant la table du Roi, pour être à portée de faire les fonctions de leurs charges. Le Grand-Pannetier changeait les assiettes, les serviettes et le couvert du Roi; le Grand-Echanson lui donnait à boire, et le Grand-Ecuyer tranchant servait et desservait les plats, et approchait ceux dont le Roi voulait manger.

Le second service fut apporté par les Officiers du Roi, avec le même cortége que le premier ; et le troisième, qui était celui du fruit, fut servi par le Grand-Pannetier de France.

Lorsque le Roi fut assis, les Pairs ecclésiastiques et les Pairs laïques descendirent de l'estrade et allèrent se placer aux places qui leur étaient destinées.

Monsieur était à la table du Roi, et à sa droite.

Monseigneur le Comte d'Artois était à sa gauche.

On avait dressé pour la Reine une tribune, ou balcon élevé dans la salle, d'où elle pouvait, avec les Princesses et les Dames de la Cour, voir dîner le Roi.

Lorsque le Roi eut dîné, l'Archevêque de Reims s'avança vers la table et dit les grâces, ensuite le Roi reprit le Sceptre et la Main de Justice, et fut reconduit dans son appartement.

Toutes les tables, et même celle du Roi, furent servies aux dépens de la ville de Reims.

———

CÉRÉMONIE DES CHEVALIERS DE L'ORDRE DU SAINT-ESPRIT.

Le mardi 13 juin.

Les mêmes décorations, tribunes et amphithéâtres qui avaient servi à la cérémonie du Sacre, servirent à celle-ci.

Le grand autel était paré des ornemens de l'ordre du Saint-Esprit, et l'on éleva un dais au-dessus.

Le trône du Roi était aussi paré des ornemens de l'ordre, et il y avait un autre trône et un dais, sous lequel le Roi devait signer son serment.

Le Roi, entouré des Commandeurs, Chevaliers et Officiers de l'ordre du Saint-Esprit, et accompagné d'un cortége magnifique, se rendit à l'église, pour assister aux vêpres.

Après que les vêpres furent finies, les Grands-Officiers, précédés du Héraut et de l'Huissier qui était auprès d'eux, sortirent de leur place, et allèrent se placer sur l'estrade du trône élevé pour le Roi. Les Chevaliers se placèrent, suivant leur rang, dans les avennes du trône; et le Roi, étant descendu du trône où il avait entendu les vêpres, alla se placer sur le trône où il devait prêter son serment.

L'Archevêque de Reims sortit de sa place et alla au trône du Roi, où l'on apporta un fauteuil qui fut mis sur l'estrade, vis-à-vis du Roi. Ce prélat s'étant assis, demanda au Roi, s'il voulait signer le serment de l'ordre du Saint-Esprit, qu'il avait fait à son sacre; à quoi le Roi ayant consenti, le Secrétaire de l'ordre le lui présenta à signer, ainsi que la profession de foi, écrite dans un registre où les Rois prédécesseurs de Louis, et les Chevaliers, avaient tous signé, depuis l'établissement de l'ordre du Saint-Esprit, et dans lequel le Roi signa aussi.

La cérémonie finie, le Roi descendit de son trône, suivi de tous ceux qui l'y avaient accompagné ; et les Grands-Officiers, précédés des Hérauts et des Huissiers, se mirent en marche pour reconduire le Roi dans son appartement. En arrivant dans l'appartement du Roi, les Commandeurs, les Chevaliers et les Officiers se rangèrent en haie à droite et à gauche, chacun suivant son rang, pour voir passer le Roi, et se retirèrent aussitôt qu'il fut entré dans sa chambre.

CAVALCADE DE SAINT-REMI, ET LE TOUCHER DES ÉCROUELLES.

Le mercredi 14 Juin.

Le Roi partit sur les 10 heures, accompagné d'un nombreux cortége. Il était vêtu d'un habit de la plus grande magnificence, et monté sur un cheval superbement harnaché, dont les rênes étaient tenues par deux écuyers.

Le Roi, après avoir traversé la grande rue qui conduit à l'abbaye de Saint Remi, au bruit des acclamations du peuple, fut reçu et complimenté à la porte de l'église de cette Abbaye par le Grand-Prieur. Il entra dans le chœur, et y entendit une messe basse.

Après la messe, on conduisit le Roi dans le parc de l'Abbaye, pour y toucher les malades des écrouelles, qui se trouvaient rangés dans les allées de ce parc. Le premier Médecin appuya sa main sur la tête de chacun des malades, dont un des capitaines des Gardes tenait les mains jointes. Le Roi, la tête découverte, les toucha, en étendant la main droite du front au menton et d'une joue à l'autre, formant le signe de la croix, et en prononçant ces paroles : *Dieu te guérisse, le Roi te touche.*

Le Grand-Aumônier, qui resta toujours auprès du Roi pendant la cérémonie, distribua des aumônes aux malades qui avaient été touchés. Après le toucher des malades, le Roi rentra dans l'église, fit sa prière auprès de la châsse de Saint-Remi, que l'on avait tirée de son tombeau et posée dans le chœur.

Pendant ce temps, les troupes de la maison du Roi se mirent en marche, et le Roi retourna au palais Archiépiscopal par les mêmes rues où les gardes françaises et suisses étaient restées en haie et sous les armes.

DÉLIVRANCE DES PRISONNIERS.

Toutes ces cérémonies finirent par le pardon général accordé aux criminels, excepté ceux dont les crimes sont irrémissibles. Le Grand-Aumônier de France fut chargé de la délivrance des prisonniers.

FIN.

Imprimerie de J.-M. Eberhart, rue du Foin S.-Jacques, n° 1